¡Aprende Ya!
Armonía

POR INTI ALEJANDRA VIANA

T0087669

Amsco Publications
New York/London/Paris/Sydney/Copenhagen/Berlin/Tokyo/Madrid

Cover photography by Randall Wallace
Interior design and layout: Len Vogler

This book Copyright © 2004 by Amsco Publications,
A Division of Music Sales Corporation, New York

Order No. AM 979451
US International Standard Book Number: 0.8256.2885.7
UK International Standard Book Number: 1.84449.388.1

Exclusive Distributors:
Music Sales Corporation
257 Park Avenue South, New York, NY 10010 USA
Music Sales Limited
8/9 Frith Street, London W1D 3JB England
Music Sales Pty. Limited
120 Rothschild Street, Rosebery, Sydney, NSW 2018, Australia

Printed in the United States of America by
Vicks Lithograph and Printing Corporation

Índice

Nociones básicas

De la misma manera en que en un idioma se combinan símbolos sencillos para crear algo mucho más complejo, es necesario conocer los elementos musicales más simples de la música para luego poder comprender cómo se afectan mutuamente los más complejos.

El pentagrama

El elemento musical más sencillo es el pentagrama. Llamamos *pentagrama* al conjunto de cinco (5) líneas y cuatro (4) espacios donde se escriben los detalles de una pieza musical.

Claves

Sin embargo un pentagrama por sí solo no es suficiente para ubicar y descifrar qué nota se debe tocar. Para saber esto con exactitud se necesitan otras referencias llamadas *claves*. Las *claves* son símbolos que indican la colocación de las notas en el pentagrama y el tono o la altura absoluta de las mismas. Las claves más usadas son la clave de SOL y la clave de FA.

Clave de SOL

Clave de FA

La clave de SOL la usan los instrumentos más agudos, por ejemplo el violín o la flauta. La clave de FA la usan comúnmente los instrumentos graves como el contrabajo. El piano usa las dos claves a la vez, pues tiene un registro de notas muy amplio.

pista 1

Los nombres y el orden de las notas

Es muy importante memorizar los nombres y la ubicación de las notas en el pentagrama, pues de ello depende una lectura musical efectiva. En nuestro sistema musical existen siete nombres de notas que corresponden a las notas blancas del piano. El orden de las notas es Do Re Mi Fa Sol La Si. En el teclado del piano estas notas se ubican así:

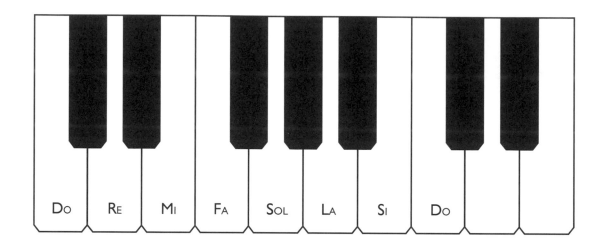

(Observa que la nota Do siempre se encuentra a la izquierda del grupo de dos teclas negras.)

Las notas se ubican en el pentagrama como aparece a continuación:

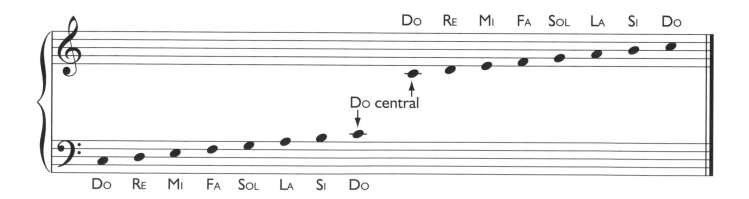

Es importante saber que el Do agudo en clave de Fa corresponde al Do grave en clave de Sol. Esta nota se conoce con el nombre de *Do central.*

Figuras musicales

pista 2

Figuras

Observa que las notas expresan únicamente entonación. Por esto, se usa lo que se conoce como *figuras musicales;* éstas expresan sonidos musicales y determinan su *entonación* y su *duración*. A continuación se muestran las figuras musicales más comunes:

‖o‖	Cuadrada	♪	Corchea
o	Redonda	♬	Semicorchea
♩	Blanca	♫	Fusa
♩	Negra	♬	Semifusa

En cuanto a la duración de las figuras son las siguientes:
Una *redonda* dura la *mitad* de una *cuadrada*.
Una *blanca* dura la *mitad* de una *redonda*.
Una *negra* dura la *mitad* de una *blanca*.

Una *corchea* dura la *mitad* de una *negra*.
Una *semicorchea* dura la *mitad* de una *corchea*.
Una *fusa* dura la *mitad* de una *semicorchea*.
Una *semifusa* dura la *mitad* de una *fusa*.

Silencios

También existen símbolos que expresan duración de tiempo pero sin sonido. Estos símbolos se llaman *silencios*. Para cada figura existe un silencio que expresa la misma duración. *(Ver tabla)*.

Figura		Silencio
Cuadrada	‖o‖	ⲭ
Redonda	o	▬
Blanca	♩	▬
Negra	♩	ⸯ
Corchea	♪	ⸯ
Semicorchea	♬	ⸯ
Fusa	♫	ⸯ
Semifusa	♬	ⸯ

8

pista 3

Compases

Las figuras se agrupan en lo que se conoce como *compases*, que son la división del tiempo en partes iguales. Cada compás se divide en partes iguales y cada parte se subdivide a su vez. Las partes de un compás pueden ser fuertes o débiles; la parte más fuerte siempre suele ser la primera, y las demás suelen ser las débiles. Los compases se separan unos de otros por medio de las líneas verticales llamadas *líneas divisorias*.

El compás se indica usando dos cifras en forma de fracción. Estas cifras se colocan al lado de la clave al inicio de la obra.

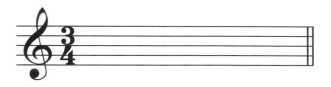

Estas cifras se refieren al número y la clase de figura que completan el compás. El *numerador* indica la cantidad de figuras que entran en el compás. El *denominador* indica la figura que ocupa cada tiempo, de acuerdo con la siguiente tabla:

Cifra	Figura
1	Redonda
2	Blanca
4	Negra
8	Corchea
16	Semicorchea

Así, un compás de ¾ tiene 3 negras por compás. La negra está representada por el número 4 en el denominador.

pista 4

Alteraciones

Otros símbolos musicales importantes son las alteraciones. Estas permiten cambiar la entonación de los sonidos naturales de manera ascendente o descendente. Las alteraciones más comunes son:

El *sostenido* (♯) sube la afinación de la nota medio tono.
El *bemol* (♭) baja la afinación medio tono.
El *becuadro* (♮) anula la alteración anterior.

En la escritura musical una alteración afecta todas las notas del mismo nombre y altura que estén ubicadas dentro de un compás.

Escalas

pista 5

Como ya se ha visto, los sonidos son la materia prima de la música. Sin embargo estos sonidos deben ser ordenados para que adquieran un sentido artístico. Es así como aparece el concepto de la escala. Una *escala* es una serie de sonidos ascendentes o descendentes que repite ciertos intervalos definidos, conocidos como tonos y semitonos.

El *sistema de afinación temperada* divide equitativamente la octava en doce sonidos. La distancia entre un sonido y el siguiente se conoce por el nombre de *semitono*. Tomemos como ejemplo el teclado del piano, en ese instrumento, la distancia entre notas contiguas es de un semitono.

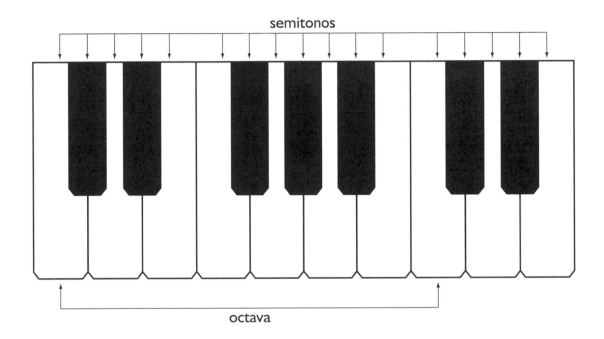

Un *tono* equivale a dos semitonos contiguos. En el piano, todas las teclas blancas separadas por una tecla negra están a distancia de un tono.

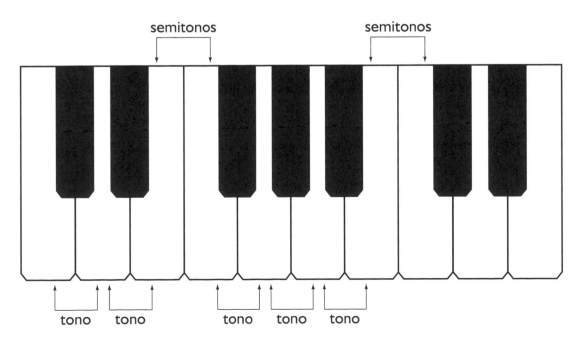

Escalas diatónicas

De esta manera nacen las *escalas diatónicas*, es decir, las que corresponden a las teclas blancas del piano, sin importar desde que nota se empiece. Las escalas diatónicas más comunes son la escala mayor y la escala menor.

Escala mayor

La escala mayor está compuesta por siete (7) notas. La primera de estas notas se conoce como *primer grado* o *tónica,* y su símbolo es *I*. La segunda nota corresponde al *segundo grado*, o *II* y así sucesivamente. El *quinto grado* (V) se conoce con el nombre de *dominante.*

Cualquier escala mayor sigue el siguiente orden de tonos y semitonos:

Tono	Tono	Semitono	Tono	Tono	Tono	Semitono
I – II	II – III	III – IV	IV – V	V – VI	VI – VII	VII – VIII

Escala de Do mayor

En el piano, la única escala diatónica que corresponde a este orden de tonos y semitonos es la escala que empieza en la nota Do; esta escala se conoce como escala de Do mayor.

Sin embargo, se puede formar una escala mayor a partir de cualquier nota usando el mismo orden de: TTSTTTS por medio de las alteraciones musicales.

Escala menor natural

Otra escala diatónica muy común es la *escala menor natural*. Si se toma cualquier escala mayor y se empieza una nueva escala desde su sexto grado, el resultado será una *escala menor natural*. Así:

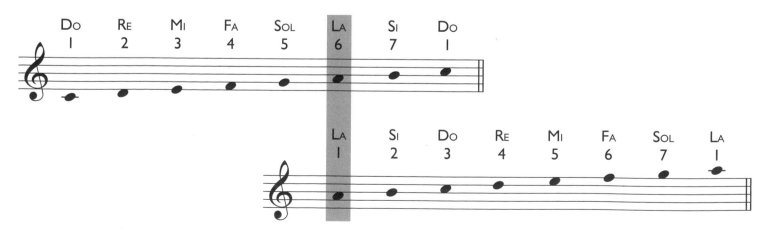

Observa que los semitonos en la escala menor natural se ubican entre el II y III grado y entre el V y VI grado.

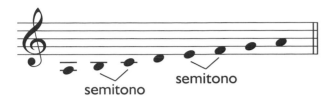

La escala menor natural tiene dos variaciones: la escala menor armónica y la escala menor melódica. La diferencia entre estas escalas está en la ubicación de los semitonos; la escala menor armónica tiene los semitonos entre el II y III grado y entre el VII y VIII grado. Para lograr esto, se altera el VII grado.

Escala menor armónica

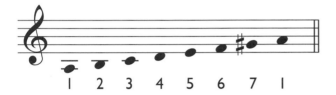

Escala menor melódica

La escala menor melódica asciende como una escala menor natural hasta el V grado, y a partir de ahí continúa como una escala mayor, es decir que altera tanto el VI como el VII grado. Sin embargo esta escala desciende como una escala menor natural.

Escala cromática ascendente y descendente

Las escalas diatónicas no son las únicas que se utilizan en música. Existe también la *escala cromática,* que presenta los doce semitonos en que se divide la octava.

Ejercicios

1. Escribe escalas mayores a partir de las siguientes notas. No olvides utilizar las alteraciones correspondientes.

2. Escribe escalas menores naturales, armónicas y melódicas a partir de las siguientes notas. No olvides utilizar las alteraciones correspondientes.

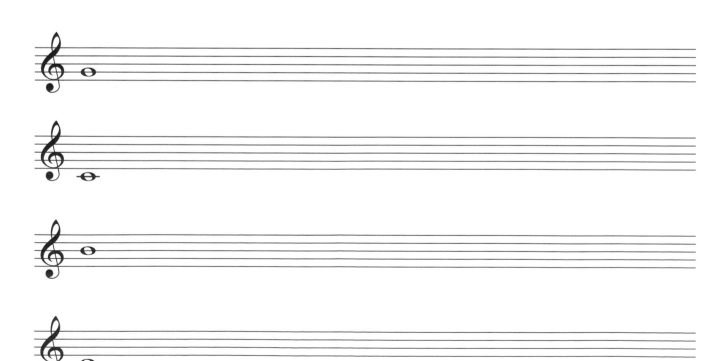

Armaduras y tonalidades

Si bien es cierto que algunas escalas no utilizan alteraciones (Do mayor y La menor natural), otras necesitan alterar ciertas notas para conservar el orden de tonos y semitonos. Por esto se utilizan las *armaduras de clave*. Las *armaduras* son alteraciones musicales escritas entre la clave y la indicación de compás, que afectan a todas las notas de ese nombre a través de la pieza incluyendo aquéllas en otras octavas.

Las escalas están muy relacionadas con el concepto de tonalidad. Cuando una composición utiliza una escala mayor o menor, el primer grado de esta escala se convierte en el *centro tonal*. La obra encuentra su reposo o descanso en esta nota. Se dice entonces que se está en la tonalidad relacionada a esta escala. Por ejemplo, si la escala que se utiliza es la de Fa mayor entonces la obra está en la tonalidad de Fa mayor.

Las armaduras con sostenidos son las siguientes:

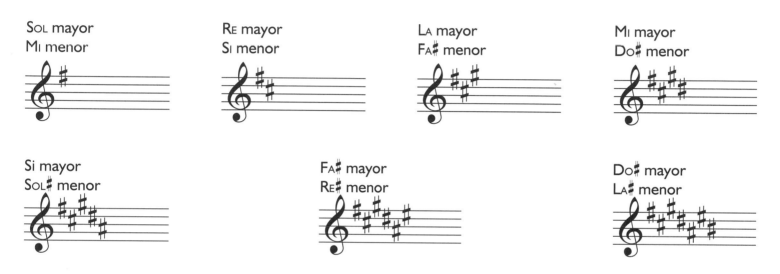

Cuando una armadura tiene sostenidos, el último sostenido está medio tono por debajo del primer grado de la tonalidad. Por ejemplo, si el último sostenido de la armadura es Sol, quiere decir que la tonalidad es La mayor.

A continuación aparecen las armaduras con bemoles:

En el caso de las armaduras con bemoles, el penúltimo bemol indica la tonalidad. Por ejemplo, si el penúltimo bemol es Re bemol, la tonalidad es Re bemol mayor.

Tonalidades relativas

Observa que una armadura corresponde a dos tonalidades: una mayor y otra menor. Este es el concepto de tonalidades relativas. Todas las tonalidades mayores tienen una tonalidad relativa menor, que se encuentra una tercera menor por debajo de la tónica. Así, para SOL mayor, MI menor es su tonalidad menor relativa y comparten la misma armadura. En LA mayor, FA sostenido menor es la tonalidad relativa, *etc.*

El concepto de tonalidad da paso a otros elementos armónicos muy importantes que son los intervalos y las tríadas.

Intervalos y Tríadas

pista 6

El *intervalo* es la distancia que hay entre dos sonidos. Los intervalos pueden ser *melódicos* (cuando un sonido se presenta después del otro) o *armónicos* (cuando los dos sonidos suenan al mismo tiempo).

Para identificar correctamente un intervalo es necesario saber su nombre y su especie. El *nombre del intervalo* se obtiene contando el número de grados que hay entre las dos notas, incluyendo el primer y el último sonido. Por ejemplo, de RE a LA hay una quinta (RE-1; MI-2; FA-3; SOL-4; LA-5).

El nombre de los intervalos se muestra a continuación:

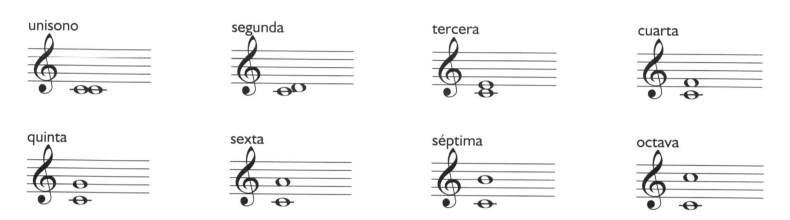

No todos los intervalos del mismo nombre tienen la misma cantidad de tonos y semitonos. Por ejemplo, la segunda DO–RE tiene un tono, mientras que la segunda SI–DO tiene un semitono. Lo mismo sucede con los demás intervalos: la sexta DO–LA tiene 4½ tonos, y la sexta MI–DO tiene 4. Estas diferencias son las que hacen necesario determinar la *especie del intervalo* en cuestión.

Los intervalos pueden ser mayores (M), menores (m), perfectos (J), disminuidos (D) o aumentados (A).

pista 7

Intervalo	Mayor	Menor	Justa	Disminuido	Aumentado
unísono	*N/A	N/A	ej. DO–DO	N/A	½ tono ej. DO–DO♯
segunda	1 tono (dos semitonos)	1 semitono ej. DO–RE	N/A ej. MI–FA	N/A	1½ tonos ej. DO–RE♯
tercera	2 tonos ej. DO–MI	1½ tonos ej. LA–DO	N/A	1 tono ej. MI–SOL♭	2½ tonos ej. FA–LA♯
cuarta	N/A	N/A	2½ tonos ej. DO–FA	2 tonos ej. RE–SOL♭	3 tonos ej. DO–FA♯
quinta	N/A	N/A	3½ tonos ej. SOL–RE	3 tonos ej. DO–SOL♭	4 tonos ej. SOL–RE♯
sexta	4½ tonos ej. DO–LA	4 tonos ej. MI–DO	N/A	3½ tonos ej. MI–DO♭	5 tonos ej. DO–LA♯
séptima	5½ tonos ej. DO–SI	5 tonos ej. RE–DO	N/A	4½ tonos ej. MI–RE♭	6 tonos ej. DO–SI♯
octava	N/A	N/A	6 tonos Ej. LA–LA	5½ tonos Ej. LA–LA♭	6½ tonos Ej. LA–LA♯

* N/A = no aplica.

Existe un intervalo especial que está compuesto de tres tonos. Su nombre es *tritono* o algunas veces se describe como cuarta aumentada o quinta disminuida según el número de grados. Por ejemplo Sɪ–Fᴀ es una quinta disminuida y Fᴀ–Sɪ es una cuarta aumentada.

pista 8

Inversiones de los intervalos

Los intervalos se pueden invertir. Invertir un intervalo es cambiar el orden de las notas, colocando la nota grave en el lugar de la aguda y la aguda en el lugar de la grave. En cuanto a su composición numérica los intervalos se transforman así:

El **unísono** se convierte en **octava**.
La **segunda** se convierte en **séptima**.
La **tercera** se convierte en **sexta**.
La **cuarta** se convierte en **quinta**.
La **quinta** se convierte en **cuarta**.
La **sexta** se convierte en **tercera**.
La **séptima** se convierte en **segunda**.
La **octava** se convierte en **unísono**.

En cuanto a su especie, los intervalos se transforman de la siguiente manera:

Los **mayores** se convierten en **menores**.
Los **menores** se convierten en **mayores**.
Los **disminuidos** se convierten en **aumentados**.
Los **aumentados** se convierten en **disminuidos**.
Los **justos** permanecen **justos**.

Por ejemplo, una tercera mayor al invertirse se convertirá en una sexta menor.

tercera mayor

sexta menor

Ejercicios

1. Identifica los siguientes intervalos.

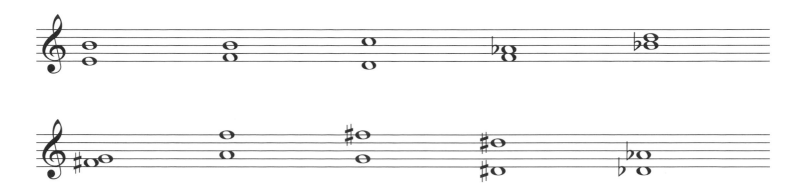

2. Construye los siguientes intervalos a partir de la
   nota dada:

tercera mayor	quinta disminuida	séptima menor	cuarta justa	sexta menor

quinta justa	octava	segunda mayor	sexta mayor	séptima mayor

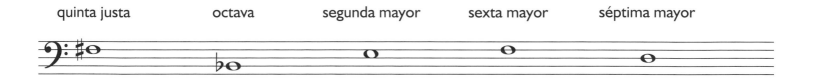

Acordes

pista 9

Ya que te has familiarizado con los intervalos es el momento de hablar de acordes. Un *acorde* se forma al tocar tres o más notas al mismo tiempo. Tradicionalmente el acorde más común es el que se forma superponiendo dos o más terceras. Cuando se superponen 2 terceras el acorde recibe el nombre de *tríada*.

Tríada

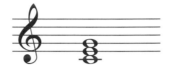

La nota que sirve de base para construir la tríada se conoce como *fundamental*. Las demás notas reciben el nombre del intervalo que forman con la fundamental.

Así, la nota en el medio se conoce como tercera, y la nota superior como quinta.

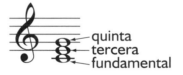

Tipo de acorde

Al igual que los intervalos, las tríadas pueden ser mayores, menores, disminuidas o aumentadas. Observe la siguiente tabla:

triada	tercera	quinta	ejemplo
mayor	mayor	justa	quinta justa / tercera mayor
menor	menor	justa	quinta justa / tercera menor

disminuida	menor	disminuida	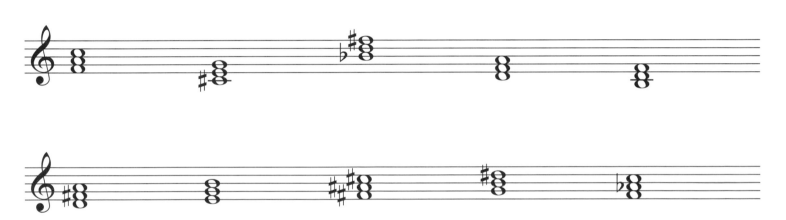 quinta disminuida / tercera menor
aumentada	mayor	mayor	quinta aumentada / tercera mayor

Ejercicios

1. Identifica las siguientes tríadas:

2. Construye las siguientes tríadas usando como fundamental la nota dada:

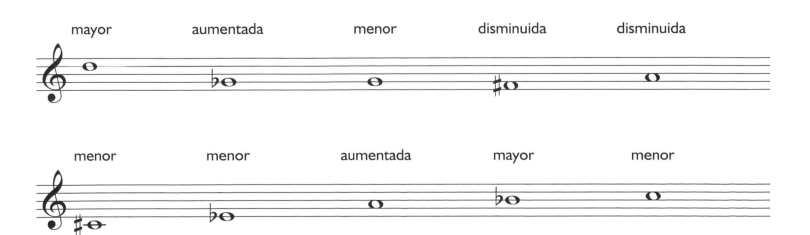

mayor	aumentada	menor	disminuida	disminuida

menor	menor	aumentada	mayor	menor

pista 10

3. Escucha el dictado que está en el CD. Anota en el siguiente formato la cualidad de la tríada. Usa M para mayor, m para menor, d para disminuida y A para aumentada.

pista 11

Formación de las tríadas en las escalas mayores y menores

En el estudio de la armonía es muy importante saber cuáles son las tríadas que se forman sobre los grados de las escalas, pues éstas son las que determinarán las funciones tonales de una pieza musical. Observa las tríadas que se forman sobre las notas de una escala mayor:

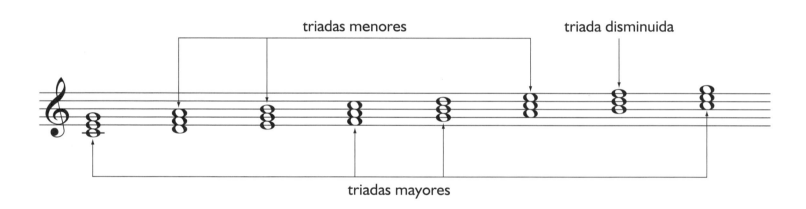

Las tríadas que se forman en los grados I, IV y V son mayores. Las tríadas de los grados II, III y VI son menores. La tríada que se forma sobre el séptimo grado es disminuida. Esto ocurre así en cualquier escala mayor. Para efectos de este libro, usaremos la siguiente convención: cuando una tríada es mayor se nombrará únicamente con su grado (ej. I, V…). Si la tríada es menor se añadirá una *m* minúscula al grado (ej. IIm, IIIm…). Si la tríada es disminuida se añadirá el símbolo (°) al grado (ej. VII°).

Escala menor natural

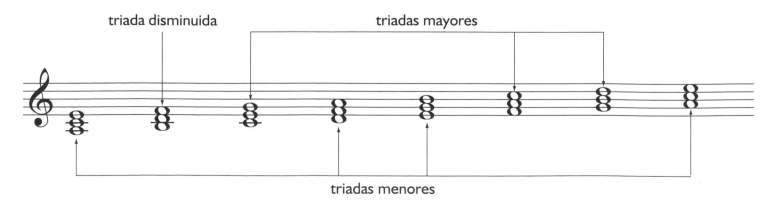

Las tríadas que se forman sobre la escalas menor natural, armónica y melódica aparecen a continuación:

Escala menor armónica

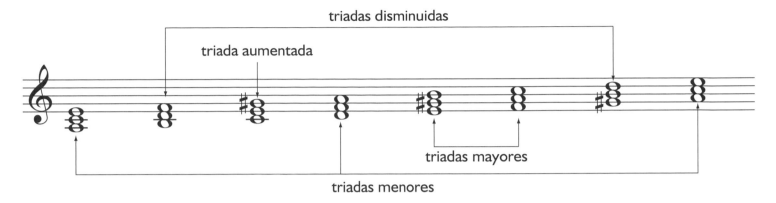

Escala menor melódica

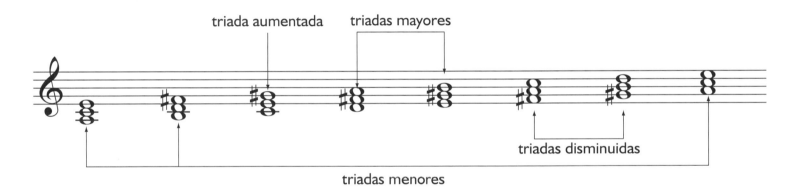

pista 12

Tríadas invertidas

Las tríadas también pueden invertirse. El procedimiento es el mismo que se empleó con los intervalos; la nota más grave sustituye a la nota más aguda. De esta manera se obtienen tres inversiones para las tríadas.

Tríada en fundamental

Una de ellas se llama fundamental o 5/3, cuando la fundamental del acorde es la nota más grave. Se le llama 5/3 porque esos son los intervalos que se forman entre la nota más grave y la más aguda, y entre la nota más grave y la nota en el medio.

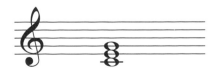

Tríada en primera inversión

Cuando la tercera es la nota más grave, se dice que la tríada está en primera inversión o en 6/3. Estos números corresponden a la distancia entre la nota más grave y la más grave y la más aguda, y la distancia entre la nota más grave y la del medio .

Tríada en segunda inversión

Finalmente, cuando la quinta es la nota más grave, la tríada está en segunda inversión o en 6/4. La distancia entre la nota más grave y la más aguda es de una sexta, mientras que la distancia entre la nota más grave y la del medio, es una cuarta.

Ejercicios

1. Identifica el modo y la inversión de las siguientes tríadas. (Ej. tríada mayor, primera inversión).

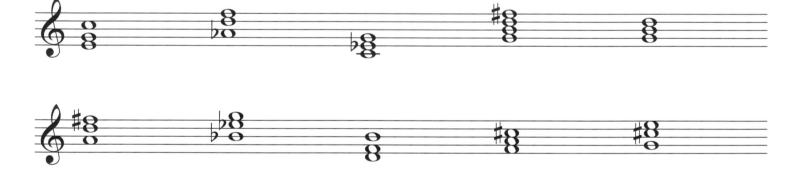

2. Construye las siguientes tríadas a partir de la nota dada:

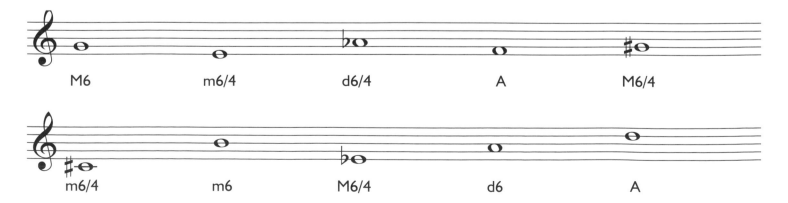

M6   m6/4   d6/4   A   M6/4

m6/4   m6   M6/4   d6   A

Progresiones armónicas

pista 13

Una vez dominados estos conceptos básicos, es posible aprender cómo funcionan unos con otros. Las tríadas y demás acordes no son entidades aisladas sino que conforman una red de relaciones musicales más complejas.

Las primeras relaciones que hay que entender son las que se crean entre las tríadas que se forman sobre los grados de las escalas. Estas relaciones se llaman *progresiones armónicas*. Sin embargo, existe un orden que determina la aparición de los diferentes acordes dentro de una progresión. El siguiente gráfico muestra el orden en el que pueden aparecer los diferentes grados de la tonalidad durante una progresión, empezando desde el primero:

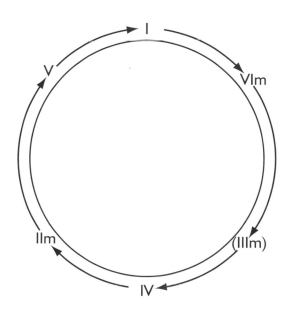

Como puedes ver, los acordes aparecen según el sentido de las agujas del reloj para que la progresión gane tensión. Ya que el V grado es la mayor tensión de la tonalidad es importante que descanse en el mayor reposo (I grado). Por este motivo, al V grado le sigue la mayoría de las veces el I grado.

Las progresiones que no siguen el orden anterior son consideradas incorrectas, pues no cumplen con el objetivo básico de crear tension y reposo. A continuación puede observar una progresión correcta:

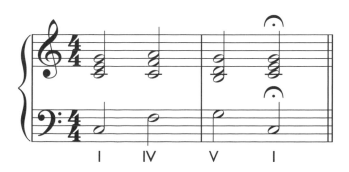

Observa que todos los acordes son tríadas; solo hay tres notas diferentes aunque una de ellas se repita.

Además la mano izquierda determina la inversión del acorde pues presenta la nota más grave de la tríada.

Los enlaces de grados más comunes son los siguientes:

pista 14

En tonalidades mayores

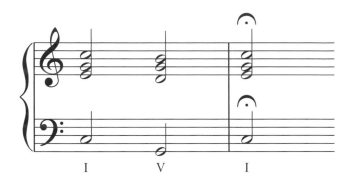

I   V   I

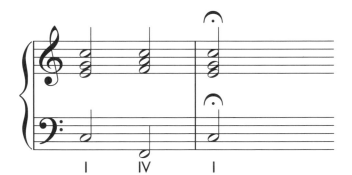

I   IV   I

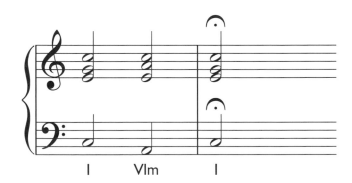

I   VIm   I

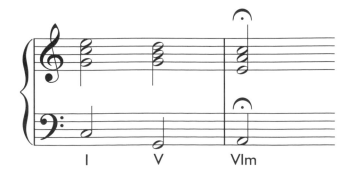

I   V   VIm

En tonalidades menores

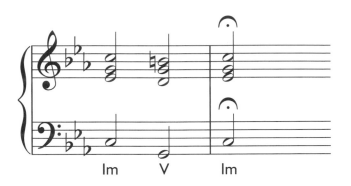

Im   V   Im

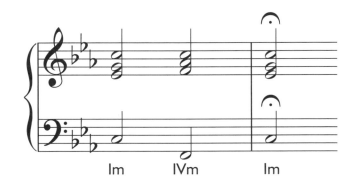

Im   IVm   Im

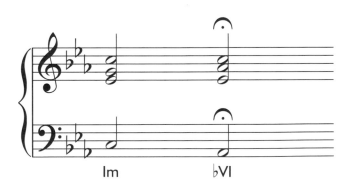

Im   bVI

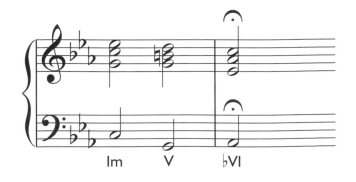

Im   V   bVI

pista 15

Acordes de séptima

Hasta este momento los acordes que se han estudiado son las tríadas. Si a estas tríadas se les agrega una tercera en la parte superior entonces se obtiene un acorde de séptima. Se llama de esa manera porque el intervalo que se forma entre la fundamental y la nota más aguda es una séptima.

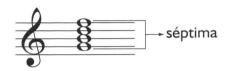

pista 16

Para identificar los acordes de séptima se analiza tanto el tipo de tríada como el tipo de séptima. En el ejemplo anterior la tríada es mayor pero la séptima es menor.

Así pues este acorde recibe el nombre de acorde mayor con séptima menor.

La siguiente tabla clasifica los acordes de séptima más usados:

nombre de acorde	acorde armónico	acorde melódico
triada mayor, séptima menor, *o acorde de séptima de dominante*		séptima menor / triada mayor
triada mayor, séptima mayor		séptima mayor / triada mayor
triada menor, séptima menor		séptima menor / triada menor
triada menor, séptima mayor		séptima mayor / triada menor

nombre de acorde	acorde armónico	acorde melódico
triada disminuida, séptima menor	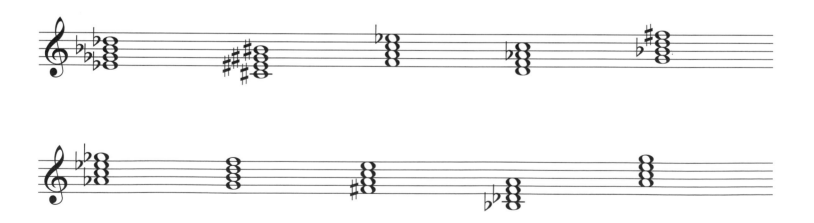	séptima menor triada disminuida
triada disminuida, séptima disminuida		séptima disminuida triada disminuida

El acorde de *séptima de dominante*, o tríada mayor con séptima menor, reemplaza muchas veces al V grado en una progresión. Es decir, el enlace I-V-I se convierte en I-V7-I. La sonoridad es parecida, pero el acorde con séptima crea más tensión.

La tríada menor con séptima menor reemplaza en las progresiones al II grado menor. Es decir que el enlace I-IIm-V-I se convierte en I-IIm7-V-I.

Ejercicios

1. Identifica los siguientes acordes de séptima.

2. Construye los siguientes acordes de séptima.
   Tríada mayor, séptima mayor: MM;
   Tríada mayor séptima menor: Mm;
   Tríada menor, séptima mayor: mM;

Tríada menor, séptima menor: mm;
Tríada disminuida séptima menor: dm;
Tríada disminuida séptima disminuida: dd.

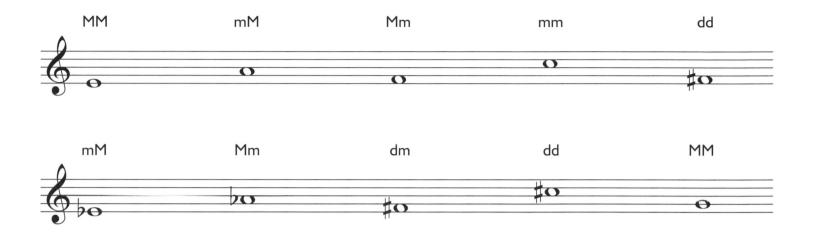

pista 17

Hasta este momento hemos estudiado las nociones básicas de la armonía tradicional. Lo único que necesitas para armonizar tus melodías favoritas es escucharlas mucho y poner en práctica los conceptos aprendidos. A continuación, presentamos algunas melodías latinoamericanas muy conocidas con sus respectivas armonías. Intenta tocar estas melodías acompañado del CD.

ADIÓS MUCHACHOS

pista 18

Argentina

Arroz Con Leche

pista 19

Puerto Rico

Bambú

pista 20

Brasil

Cajueiro Pequenino

pista 21

Brasil

El Barreño

pista 22

Guatemala

Vals

Cielito Lindo

México

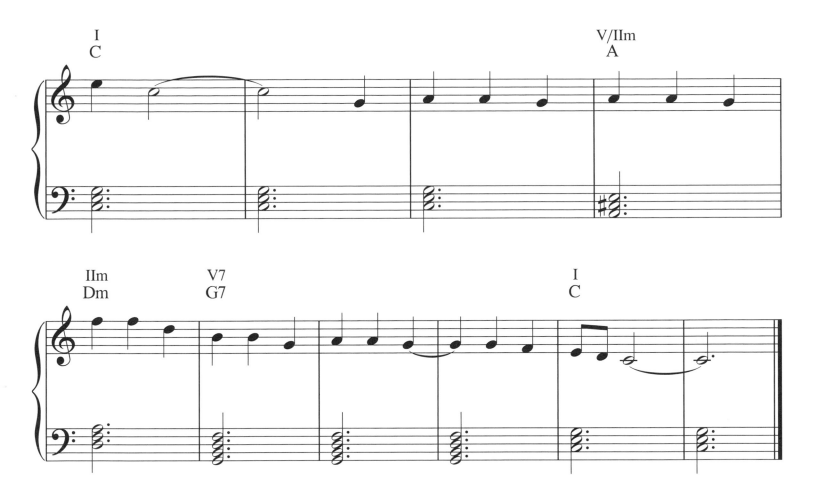

La Cucaracha

pista 24

México

CHACARERA

pista 25

Argentina

De Colores

pista 26

México

En 2

Jarabe Tapatío

pista 27

México

Llegó Diciembre

pista 28

Venezuela

Ma Teodora

pista 29

Cuba

El Rabel

pista 30

Chile

VIVA MI PATRIA BOLIVIA

pista 31

Bolivia

Palabras finales

El estudio de la armonía no es un estudio de unas pocas semanas. Es el estudio de varios años y requiere de mucha paciencia. Espero que este libro te ayude a iniciarte en el estudio de esta disciplina y que tal vez en el futuro puedas seguir avanzando por tus propios medios.

¡Buena suerte!

Lista de temas musicales del disco compacto

1. Nombres y el orden de las notas
2. Figuras musicales
3. Compases
4. Alteraciones
5. Escalas
6. Intervalos y tríadas
7. Especie del intervalo
8. Inversiones de los intervalos
9. Acordes
10. Ejercicio No. 3 (página 20)
11. Formación de las tríadas en las escalas mayores y menores
12. Tríadas invertidas
13. Progresiones armónicas
14. Progresiones más comunes
15. Acordes de séptima
16. Acordes de séptima más usados
17. Terminando las nociones básicas de la armonia tradicional
18. Adiós muchachos
19. Arroz con leche
20. Bambú
21. Cajueiro pequeniño
22. El barreño
23. Cielito lindo
24. La cucaracha
25. Chacarera
26. De colores
27. Jarabe tapatio
28. Llegó diciembre
29. Ma Teodora
30. El rabel
31. Viva mi patria Bolivia